AF383870

LA

QUESTION SOCIALE

ESQUISSE PHILOSOPHIQUE

DES BASES DES IDÉES RÉVOLUTIONNAIRES

DE LEUR PROGRAMME ET DE LEUR SOLUTION

PAR

UN MEMBRE T. C. L. DE DIVERSES SOCIÉTÉS

———— >—< ————

PARIS

1885

DES BASES DES IDÉES RÉVOLUTIONNAIRES

DE LEUR PROGRAMME ET DE LEUR SOLUTION

I

Au moment où la législature évanouie vient de jeter son dernier éclat, en léguant à la France une nouvelle forme de scrutin, plus libérale et moins compressible ; en attendant le résultat de cette manifestation nouvelle du suffrage universel, nous rechercherons dans l'œuvre des temps sur quels fondements reposent les principes révolutionnaires, leur rôle, les résultats acquis et à acquérir, pour donner à la théorie des idées sociales un développement aussi pratique et aussi efficace que possible, afin d'approcher l'idéal entrevu par leurs immortels promoteurs.

Bien des gens, même parmi ceux qui sont suffisamment instruits, cherchent toujours le fil pour conduire leurs opinions, diriger leurs idées et asseoir leurs croyances, dans la foule de partisans, d'antagonistes, de rhéteurs et de sophistes, qui ont prodigué leur prose ou consumé leur vie pour l'interprétation, le développement et la propagation des revendications sociales, et regardant avec ironie ou stupeur cette œuvre chatoyante, si discutée et si méconnue, s'écartent ou s'approchent d'elle avec confiance ou avec défiance, suivant que l'apôtre qui la défend ou l'interprète, s'en charge au mieux de ses intérêts.

Quelle est en effet l'origine de cet effort magique et gigantesque, qui, sous le nom de Révolution, insinua à un peuple une pensée et une foi aussi vivaces et aussi superbes en ses principes nouveaux, pour lui permettre de transformer en quelques arrêts fameux toute l'économie des antiques sociétés, et de constituer le nouvel état social dont il poursuit sans trêve la réalisation.

Quels sont les vrais moteurs et les irrécusables champions des idées progressives et libératrices à travers les siècles, quels sont les coefficients et les non-valeurs dans leurs enjeux?

II

Aussi loin que nous puissions remonter dans l'histoire ancienne, telle que les travaux modernes nous la présentent, nous ne voyons que des tentatives souvent contestées d'affranchissements partiels, d'effervescences locales, d'expansions guerrières ou mercantiles, d'aventures lointaines, semant le progrès avec le fer, comme le vent sème au loin le pollen des fleurs, avec si peu de conscience, de discernement et de souci du bien ou du mal qu'elles répandaient, qu'elles ne laissent rien à glaner en dehors du champ des peuples qui les ont subies, et dont les résultats se sont enfouis dans leurs ruines.

Ce que l'on est tenté de considérer comme des idées et des tendances démocratiques, pendant ces vieilles époques, revêt et manifeste souvent des formes aussi arbitraires et aussi despotiques que les monarchies, leurs comtemporaines, et parfois tout aussi envahissantes et déprédatrices qu'elles. Si, toutes ensemble, elles ont coopéré, comme on s'attache à le dire, à la divulgation et à la propagation des lumières et du bien-être au profit des peuples, leur œuvre a été si marâtre et si parcimonieuse, que de tous ces mouvements et ces turpitudes, on ne retrouve, parmi les beaux vestiges de la pensée et de l'art qui leur ont survécu, à part quelques fragments superbes, que des passions, des tendances et des actes n'accusant guère que des velléités d'assimilation personnelle et d'exploitation jalouse et sanguinaire des peuples et des champs nouveaux, sans laisser pressentir aucune pensée attractive et sympathique qui élargisse leur condition matérielle ou morale.

Si nous parcourons sans prévention et sans parti pris, les vastes champs traversés depuis la descente des plateaux de l'Inde par nos aïeux, en passant par la Chine, l'Égypte, l'Assyrie, la Babylonie, la Chaldée, la Perse, la Médie, la Judée, la Grèce et Rome, on demeure stupéfié, en constatant l'absence de tout germe vivifiant et fécondateur, à travers une succession aussi longue et aussi variée de manifestations sociales, dans ces sillons humains écrasés par une besogne aveugle, brutale et mercenaire pour fonder et soutenir des prépondérances toujours inassouvies et toujours chancelantes, sans conviction morale et sans pensée créatrice, et l'on est surpris de ne recueillir, pendant ce long martyre, aucune plainte, aucun frémissement, à travers les échos répétés par les chants de Vyasa, de Valmiki, d'Orphée, d'Homère, d'Hésiode, des aèdes, des rhapsodes et des bardes, qui psalmodient, en les poétisant, les labeurs et les misères de l'antique espèce humaine.

Mais l'on ne tarde pas à distinguer la cause de cette prostration et de cette anémie, si l'on remarque, pendant ces vieux âges, l'activité et la vitalité humaines condensées entre trois champions : prêtre, roi, guerrier, oiseaux funestes planant au-dessus des races, comme l'exhalaison délétère au-dessus des eaux marécageuses et les décomposant par la force, la ruse, la duplicité et le mensonge. Les hordes jetées à tour de rôle dans l'arène, suivant l'objet à exploiter, s'allient ou se mésallient, au gré de ces moteurs perpétuels de discorde et de rivalité attendant du hasard de leurs conflits, la solution d'ambitions sans équilibre et de politiques sans idéal et sans pivot.

Pour réaliser leurs ténébreuses tactiques, doutant de l'autorité même dont ils disposent, ils se jalousent et se disputent entre eux sa prise et son dépôt, et la sachant dénuée d'appui dans leurs croyances et de protection par leurs dieux qu'ils élèvent, abaissent, sacrifient ou vénèrent au gré de leur caprices, ils oppriment les peuples qui, subitement éveillés de leur torpeur, briseraient leur œuvre obscure, barbare et pernicieuse.

Çà et là, quelques législateurs : Manou, Confucius, Moïse, Lycurgue, Solon essaient d'arrêter ces foules écœurées et courbées sous le joug, en les ralliant sous une morale ou sous des lois meilleures; mais c'est en vain qu'ils sèment quelques idées nouvelles, leurs voix, leurs doctrines et leurs revendications, étouffées sous les dogmes, les superstitions et l'avilissement, incompris des peuples, se déforment dans leur ignorance et dans leur stupeur, en donnant lieu à des tyrannies nouvelles.

La terre tremble, pendant ces vieux âges, aux noms de Ramsès, de Sargon, de Nabucadnessar, d'Assourbanipal, d'Alexandre, de Mithridate et de César, dont le faste et la puissance étaient sans bornes; mais ce qu'en disent Sanchoniathon, Hérodote, Bérose, Manéthon, Strabon, Tacite et Plutarque, ces vénérables et véridiques dépositaires des antiques traditions historiques, confirmés par les récentes découvertes épigraphiques, nous laisse sans émotion et sans respect devant ces superbes vestiges de temples et de palais, de momies couvertes d'hiéroglyphes et d'images, de pierres émaillées d'épithètes pompeuses et de hauts faits pleins de crimes, en regard de ces œuvres brillantes, mais sanguinaires, d'où ne s'exhale aucun parfum salutaire et réconfortant.

Il faut donc attendre le moment propice, où tous ces vieux empires écroulés les uns sur les autres, déchirés par leurs luttes opiniâtres, égoïstes et aveugles, inconciliables entre eux, vont ensemencer de leurs cadavres le champ tant de fois retourné pour des causes iniques et illusoires. Aussitôt le choc entre l'Orient et l'Occident suspendu, ces flots de peuples, entremêlés dans les plaines de l'Asie Mineure, se vautrent au milieu des ruines entassées, des proies conquises, du butin disputé, achevant la curée tant convoitée, dans les exaltations honteuses de la conquête repue, pendant qu'Arminius sauve la Germanie en détruisant les légions romaines, et que Vercingétorix, en Gaule, balance leur domination.

Mais le souffle de Socrate, de Platon et d'Aristote avait passé au milieu de ces effluves malsaines, et, en ce moment-là, dans un coin de la Galilée, un modeste enfant d'humbles artisans, Jésus, attentif et recueilli, sondant cet abîme de misères et de dégradations, rêvait de jeter, dans ce champ assolé par le sang des générations, le germe de ses pensées de concorde et d'union, d'appui fraternel et bienveillant, qui devait calmer les blessures, relever les courages et vivifier les cœurs.

Dès les premiers pas qu'il fit dans cette voie nouvelle, dès qu'il livra aux vents sa parole vibrante et féconde, les prêtres et leurs séides, entrevoyant l'ennemi depuis longtemps prévu et redouté, qui prépare sa torche pour éclairer leur œuvre ténébreuse, après l'avoir lutiné en vain, invoquant le mépris de la loi et leur foi conspuée, appréhendent l'apôtre, pour le clouer sur un gibet, et par son supplice ignominieux, mettant le sceau à la sincérité et à la conviction de ses principes, dans leur délire, préparent leur chute.

C'est ainsi que son trépas glorieux fit surgir tout à coup cette merveilleuse solidarité des pauvres qui l'entouraient, épris de son élan sublime, nourris de sa parole saine et de sa morale simple et pure, et que, parcourant les contrées et les villes, ils sèment partout en son nom, et à leur péril, le germe de la rénovation et de la fraternité, et préparent les fondements d'une doctrine nouvelle, qui en rétablissant les

bases authentiques et raisonnées de l'autorité si longtemps contestée, confisquée, disputée et exploitée par
un petit nombre au mépris de tous, jette définitivement les
bases des idées révolutionnaires. Tel est donc le premier
jalon posé sur la voie du progrès.

III

Après la mort de leur maître, les premiers disciples disséminés, devenus sympathiques aux peuples par leurs
actes et leurs enseignements, sapent partout le paganisme
et partout fondent la foi nouvelle, soutenus bientôt par les
légions d'âmes souffrantes et de cœurs exaltés, attirés par
leurs voix, nouveaux champions, rajeunis et transformés au
souffle de cette parole nouvelle, pleine d'espérance et de paix.
En opposant à l'exaltation de leurs persécuteurs, la hardiesse
naïve d'une conviction inébranlable, le mépris du danger et
de la mort, ils assurent l'établissement et le triomphe de la
nouvelle cause.

Mais cette foi rudimentaire et généreuse, simplement
enseignée et noblement transmise, habilement contre-
faite et extorquée par la vigilance et la rapacité des nouvelles
castes issues d'elle, engendre un despotisme exclusif et
raffiné, fécond en expédients, qui, sous les hochets et les
oripeaux, en comprime et en détourne sans retard le sentiment initial et débonnaire.

Aussi, bientôt, en divers lieux, s'élèvent, contre la domination oppressive, servile, exclusive et mensongère des
leurs, parmi les ministres de cette croyance, des contro
verses et des revendications véhémentes, dont Abélard,
St-Ambroise, St-Bernard, Luther, Calvin et Savonarole
sont les principaux champions, qui préparent la destruction
de leur rêve d'asservissement et d'exploitation du monde,
dont l'inquisition, les missions, le jésuitisme et les con-
fréries ont donné toutes les mesures de convoitise fréné-

tique, sans pouvoir enrayer et ressaisir ce que l'œuvre de leurs contradicteurs avait flétri et sapé.

Durant cette longue période féodale, si brumeuse et si perplexe, féconde en paladins, en théologiens et en potentats, des moines thésaurisent, compilent, commentent et élaguent les œuvres du passé, pour leur plus grand profit, dérobant soigneusement les résultats de leurs travaux au fond de leur cloitres.

Pendant leurs loisirs ils établissent solidement leurs fiefs et leurs abbayes à côté des manoirs auxquels ils disputent la suprématie et les domaines, et au milieu des vilains qu'ils pressurent et tyrannisent, vivant grassement au milieu des peuples par eux disséminés aux quatre coins du vieux monde, fondus dans des couches nouvelles, toujours courbés sous leurs lois, tandis que les scaldes, les trouvères, les troubadours et les jongleurs, errant parmi eux, les charment par leurs chants.

En ce temps, trois ou quatre conquérants : Attila, Abdérame, Charlemagne, Timourleng, traversant comme les cyclones et les météores, tantôt l'Orient et tantôt l'Occident, les enveloppent de leur souffle puissant, promenant le rituel à côté du glaive, essayant d'ébranler les conceptions et les idées fraîchement écloses, d'éteindre ou d'activer les lumières à peine entrevues, en les entrechoquant dans la brume du fanatisme.

Mais, entraînés par les lutineries de ces colosses, un instant emportés par la ferveur des croisades, les peuples, rêveurs et fatigués, reviennent, après la lutte, reprendre le rôle que leur a tracé l'esprit nouveau et travaillent sourdement à la conquête de leurs libertés civiles et de leurs franchises, en cherchant la place définitive où ils pensent s'asseoir pour longtemps.

Soudain un chercheur austère et soucieux, Gutenberg, au fond d'un atelier sombre et délabré, vient de saisir (1436), comme Prométhée le feu, l'élément qui donnera à la pensée humaine un moteur puissant et inaltérable et préservera à jamais son effusion et sa diffusion de la compression et des ravages de l'obscurantisme.

Au moment où l'influence funeste de l'Orient s'assied à Constantinople (1453), à la voix d'un novateur hardi, qui prédit et découvre dans la brume des mers inconnues une terre nouvelle (1492), pendant que Torquemada exaspéré tourmente avec acharnement les consciences et les corps (1498), un frémissement traverse les rangs des vieux champions des luttes séculaires et leur imprime une vigueur nouvelle, pour s'élancer à la conquête du monde annoncé.

Ces deux modestes pionniers, étaient depuis longtemps descendus au tombeau, après avoir payé en déceptions et en misères les deux fleurons superbes dont ils dotèrent l'humanité encore ingrate, quand Charles IX fait massacrer les protestants (24 août 1572) et quand Louis XIV, que l'on dit grand, parmi une suite d'aïeux et d'émules, tels que : Charles Martel, Charlemagne, Philippe-Auguste, Louis IX, Charles VII, Louis XI, François Ier, Charles Quint, Henri IV, qui tous, à des titres divers, rendirent des services à leur pays, au monde européen et au progrès politique, ce roi, proclamé soleil par de fanatiques courtisans, aveuglé par la tyrannie jésuitique, n'hésite pas à révoquer la liberté de conscience, concédée par un Huguenot en 1598, et, en 1685, par l'édit de Nantes, à proscrire en masse les sujets de son royaume, au plus grand profit de l'étranger.

En sonnant ainsi le tocsin contre ce despotisme qu'il veut abriter, à jamais flétri par cette iniquité il est à peine descendu au tombeau, que son successeur, Louis XV, pendant que Montesquieu écrit l'*Esprit des lois* (1748), corrompu par les sectateurs héritiers de cette ignominie, au point de laisser périr dans la misère le grand Dupleix (1763), qui rêvait pour sa patrie l'empire colossal de l'Inde, abandonnantMontcalm avec le Canada, ce monarque chétif et mesquin, prépare l'effondrement de la puissance monarchique et sacerdotale, et, assumant l'amas de tant de hontes, de crimes et de ténèbres, de ricochet en ricochet, fait échoir à la France cet immortel et unique honneur, dans la succession des destinées humaines, de pousser le grand cri d'alarme.

Depuis cent ans bientôt, les échos ne cessent de vibrer, sous ce cri d'initiative, de liberté et de délivrance, qui a édifié, en 1789, le phare lumineux, la pierre numéraire qui, en limitant définitivement le vieux monde dont le Dante, le Tasse, Milton, l'Arioste, Camoens, après avoir jeté aux vents les misères dans de sublimes chants, ont fixé à jamais l'ère du monde nouveau.

Bientôt la puissante organisation de *l'Encyclopédie*, dirigée par Diderot (1713-1784) et d'Alembert (1717-1783), compile, analyse, commente et refond, à la clarté nouvelle, la base des connaissances humaines, en critique les fondements et les actes, et proclame l'urgence des réformes, pendant que Rousseau flétrit *les Causes d'inégalité* que Voltaire sape le *christianisme*, dont Chateaubriand revendiquera plus tard *le Génie* et les grandeurs, et que Condorcet écrit *l'Essai sur les progrès de l'esprit humain*, préparant tous le chemin nouveau aux aspirations frémissantes, énervées et inquiètes, qui ouvre enfin, les vraies horizons de la vie et de l'histoire, réservant à la Convention de 1792, la consécration publique de leurs principes, par son impérissable charte *de la Déclaration des droits de l'homme et du citoyen.*

Tel est le deuxième jalon, posé sur la voie de l'affranchissement et du progrès, dont l'avenir, par une étude consciencieuse et réfléchie des principes communs à tous les peuples, la constitution d'une synthèse ethnographique, déduira sans doute une application commune à leurs gouvernement.

*

IV

A la suite de cet ébranlement et de son exubérante effervescence, à l'abri des institutions nouvelles, le sentiment des libertés politiques se développe rapidement, les théories nouvelles dans le droit, les lettres, les sciences, les arts et l'industrie éclosent et fermentent, et, partout à la fois, naissent les programmes de réformes qui coalisent contre la Révolution les monarques de l'Europe.

Tandis que la solution des problèmes nombreux qu'elle soulève, discutée et retardée par la concurrence intolérante et complexe des ambitions personnelles de Marat, Danton, Robespierre, Saint-Just et Mirabeau, et par les antipathies extérieures, pendant que quatorze armées conduites au succès par Carnot, Hoche, Marceau, s'ébranlent pour défendre ses principes et punir ses antagonistes, au dedans comme au dehors, on voit tout à coup, en 1804, s'abattre cette effervescence, sous le souffle d'un César qui jette sa lourde épée dans la balance, pour ressouder, entre l'autel et le trône, réconciliés pour l'œuvre usurpatrice, tous ces débris flottants, et fait osciller à son profit cette expansion jeune et fiévreuse, sans boussole et sans pilote, dont il fatigue et comprime l'essor pendant quelque temps encore en la promenant fièrement au bruit de l'airain, de l'Escaut à la Néva et du Tage au Don.

Mais bientôt, succombant comme ses pareils, sous le poids de conquêtes onéreuses, iniques et ravageuses, il va dormir avec eux dans leurs cendres, pendant que Victor Hugo, embrassant dans ses *Misérables*, les abjections passées et les aspirations futures, à chaque pas de son œuvre profonde et tranchante, agitant les cendres chaudes et les blessures vivaces, plaide et consolide la cause de l'humanité, dont Gœthe, dans son *Faust*, retrace la soif ardente, dont Klopstock, dans sa *Messiade*, peint l'idéal et les illusions éternels et dont Quinet, dans *Ahasvérus*, montre les insondables perplexités.

Depuis lors, trois fois déjà, en 1830, en 1848, et en 1870, cette expansion honnie et comprimée, manifeste violemment sa vitalité, et, à chaque secousse, fait des conquêtes nouvelles et de nouveaux adeptes. Puis, après l'effondrement honteux d'un empire de paille, édifie sur l'usurpation du droit populaire péniblement acquis, nourri et soutenu par des aventures et des expédients ruineux, sans conviction, sans programme et sans dignité, elle poursuit plus avidement encore, depuis quinze ans, le triomphe de sa cause, la réalisation de ses libertés, par la hardiesse, la maturité et la persévérance de ses convictions et de ses partisans.

V

Si nous envisageons maintenant le chemin parcouru et les progrès réalisés depuis ce grand élan, nous remarquons, tout d'abord, que les castes, toujours assises au sommet des libertés, fidèles gardiennes des vieux errements, se disputent toujours entre elles, comme autrefois, la prépondérance et les prérogatives, fixant toutefois un œil inquiet, à travers leurs discordes, sur l'œil fauve du peuple qui les observe.

Si l'on ridiculise volontiers les vieilles corporations de marchands, les tenanciers et les vassaux, qui soutenaient entre eux leurs vieux privilèges contre les serfs dont ils trafiquaient, sans se soucier de leurs intérêts et de leurs besoins, on peut voir, tout aussi vivaces et aussi despotiques, les phalanges de tenanciers nouveaux, serrées autour du pouvoir central, qui élaborent et discutent lentement et parcimonieusement les réformes proclamées par leurs aïeux et reclamées par leurs contemporains, et dont les fils tiennent à leurs intérêts les plus chers.

C'est qu'en décrétant la décentralisation des pouvoirs,

des charges et des sinécures, dont ils dérobent avec soin les issues et dont ils soignent avidement la culture, ils craignent de voir s'évanouir à jamais le reste d'autorité et de prestige que cette usurpation leur prête encore.

Aussi, à côté des anciens privilèges, largement représentés par les antiques castes du clergé, de la noblesse, de la magistrature et de l'armée, ils scellent des parchemins et des monopoles nouveaux, et redorent les vieux blasons et les vieux habits avec des paillettes de métal dont ils sont maintenant tous également avides, pour épaissir les légions artour de leurs forteresses.

Ce n'est donc pas sans un certain émoi, que l'on voit, au milieu de ces clans qui grossissent chaque jour, dans cette alliance nouvelle des vieux systèmes et des nouvelles convoitises, se former lentement une autre puissance autocratique, dont les ramifications hétérogènes et cosmopolites sont plus pernicieuses et plus préjudiciables que les anciennes aux intérêts du progrès.

L'aristocratie financière, sortes de vampire et d'hermaphrodite, issus des heures et des œuvres ténébreuses, engraissés des épaves, des agitations, des erreurs et des contradictions des révolutions modernes, qui fait moudre à son gré, par des polémistes mercenaires, dévoués à ses ordres, l'or qui remplira ses coffres, en soufflant sur le monde les effluves favorables à ses entreprises, cotant leur échec ou leur suprématie sur la prépondérance ou l'abaissement de l'Ouest, du Nord, de l'Est ou du Centre, étouffera, si l'on n'y prend garde, dans ses serres immenses, les efforts et les sacrifices que nous a coûtés le progrès.

La France, qui héberge et alimente les plus fameux champions de cette coterie de distillateurs de sève et de sang, qui, sans patrie et sans nationalité, poursuit l'œuvre commune de rapine et de déprédation, en spéculant sur les spasmes du progrès, pourrait voir s'atrophier ses organes vigoureux, sous cette étreinte malsaine.

VI

Où sont donc les réels progrès, sinon dans les sciences, les lettres et les arts, qui méritent le juste honneur de les poursuivre sans relâche et de les conserver; car, pour ce qui est du domaine politique, le chemin ne s'est guère élargi et les ornières y sont nombreuses et profondes, si la conscience du fonctionnaire est à la merci du diplomate, du financier, de l'écrivain, du corps électif qui pilote ou censure sa politique et la divise suivant les visées de sa cause ou les besoins de sa caisse, sans souci du pays. Aussi, les acquisitions réellement mûries, sensibles et efficaces, que l'on peut inscrire sans hésitation, se bornent, pour le moment, au suffrage universel et à l'instruction obligatoire.

En lisant attentivement la feuille qu'il préfère, si le travailleur, insuffisamment ou étroitement éclairé par ses lectures ou par ses coteries, se dit parfois qu'on a fait peu de besogne pourtant de bruit, après cent ans bientôt depuis l'ouverture des États généraux, il a raison de s'alarmer de cette lenteur, et de s'inquiéter d'où viennent les parasites qui annihilent ses efforts.

Il semble, en effet, que les grandes réformes, dont le peuple attend, avec le véritable essor du développement et de la puissance de ses tendances et de ses facultés, la responsabilité de l'exercice de ses droits et de ses devoirs, se dérobent incessamment, masquées sans cesse sous d'anciennes formes replâtrées et honnies, qui n'ont pas même pour elles l'excuse d'un passé honorable, comme l'onde sous la lèvre enfiévrée de Tantale, et, comme le caméléon au soleil, changeant à chaque halte de couleur et d'aspect, pour tenter de lasser et d'éteindre sa revendication patiente, laborieuse et équitable.

Quoi d'étonnant, qu'après des atermoiements sans fin, le travailleur, regardant d'un œil envieux, farouche et soupçonneux, des conquêtes scellées de son sang, échapper sans cesse à sa convoitise lutinée, ne prenne parfois violemment sa cause en main, pour en essayer la liquidation.

Que peut-il attendre d'un tel milieu, où l'activité étiolée par la décrépitude du régime et exploitée par le cosmopolitisme, réserve à ses institutions et à ses labeurs la pénurie, l'avilissement et la décadence en laissant s'élever et s'épaissir une tourbe de parasites, de déclassés, d'oisifs, de réfractaires, au sein desquels fermente le mépris des lois, des gens et des choses, dont les doctrines malsaines font des instruments et des auxiliaires, au profit des agitateurs qui s'en emparent en temps opportun, laissant le travailleur sans force et sans garantie contre les graves problèmes et les luttes économiques que l'avenir prépare.

VII

A chaque jour suffit sa peine, mais toute peine vaut salaire; la nôtre n'a pas encore le sien.

Allons donc au-devant des besoins suscités par les temps nouveaux, afin d'éviter le fracas que prépare le nombre de ceux qui s'imposent et s'entassent chaque jour, rendant la besogne plus touffue et plus laborieuse, et que ce levain de mensonge et de vénalité qui traverse la conscience humaine, issu de l'oppression et de l'avilissement du passé, révèle enfin autre chose que cet éternel roulis de la duplicité et de la force, de la ruse et de la duperie, qui ne présente à l'examen qu'un vaste champ d'exploitation, dont les maîtres différents, reprennent, sous des noms divers, les mêmes procédés, usant de la même mesure de supputation et de classement qui cote à la hausse ou à la baisse l'influence ou la satiété du fonctionnaire, aussi bien que la beauté ou la misère de la femme, la crédulité du pauvre, la soif du blason, du ruban ou de l'escarcelle.

Que le pionnier anxieux, dans cet énorme champ de foire, en voyant les intérêts de sa cause sans cesse gaspillés, compromis et différés, n'ait pas plus d'impatience, de mépris et de colère, il faut s'en étonner et lui rendre hommage, car pour lui, qui fournit à la patrie, l'impôt, ses fils et son labeur quotidien aux œuvres pénibles, associé à la femme qui végète à ses côtés sans droit et sans. autorité, pendant que l'on croise, critique,·trafique ou moleste un peu partout le niveau de· sa dignité ou de son abjection, il a bien acquis quelque titre à savoir discerner et revendiquer ce que l'on fait de ses intérêts et ce qu'il doit à ses sentiments pour cette éternelle palinodie dont on le berce depuis les vieux âges, et que 1789 lui avait promis d'effacer.

Il est temps, pendant que les peuples profitent partout de nos lumières et prennent partout l'essor politique et économique que nous leurs avons colporté à grands frais, que l'émancipation, si ardemment désirée, cesse d'arborer des guenilles enveloppées de vains oripeaux, à la vue de la tempête qui s'avance aux quatre coins de l'horizon, pendant que les traitants broutent tranquillement a l'abri des abus et s'éclipsent furtivement chaque fois, avant le son du tocsin. Il est temps que la rénovation judicieuse trame un tissu moins dilatable, en laissant glisser moins discrètement les frelons livre plus facilement passage aux abeilles.

<h2 style="text-align:center">VIII</h2>

Il nous reste maintenant, pour achever notre cadre, à exposer sommairement les points sur lesquels doivent porter les préoccupations de la législature prochaine en France, attendant la solution d'une partie de ce programme pour couronner dignement, en 1889, le centenaire de l'immortelle révolution qui a donné l'assise fondamentale aux idées vraiment démocratiques et sociales et insufflé la liberté et l'affranchissement à tous les peuples de la terre.

La fondation définitive de la République, par son œuvre vraiment saine et efficace, doit préparer l'organisation d'un état social nouveau, destiné, en réparant les injustices des régimes déchus, à mettre les institutions administratives, politiques sociales en harmonie avec les principes de solidarité qui forment la base légitime des revendications populaires, et, pour mener cette œuvre à bonne fin, les principaux points sont les suivants :

1. Réviser et refondre notre organisation administrative, en simplifiant les rouages, par la réduction au minimum suffisamment utile et laborieux de tous les emplois, plus équitablement rétribués et la création d'un service spécial actif et rigide d'examen des affaires en souffrance, la chasse aux vieux dossiers et à la paperasse; par la suppression des trésoreries générales et des recettes particulières, en confiant à la Banque de France et à ses succursales le dépôt des fonds publics effectués par des receveurs municipaux de cantons; par la conversion des préfectures et des sous-préfectures en bureaux de centres administratifs, répartis entre les chefs-lieux de canton, et dirigés par les conseils généraux dont les pouvoirs et la responsabilité seront étendus, aidés des conseils d'arrondissement et municipaux, munis de toutes les franchises communales, sous l'égide et le contrôle du Conseil d'État et des ministres, gardiens responsables des intérêts généraux et de la conservation de l'unité nationale, et, par cette décentralisation, attirer et grouper dans le chef-lieu de canton les éléments de vitalité et de fécondation, afin de décharger les grandes villes de leurs parasites qui les obèrent et les harcèlent.

Interdire aux fonctionnaires le cumul des emplois rétribués, et aux membres du Parlement, la participation à l'administration de sociétés financières. Édicter l'obligation de l'exercice des droits électoraux, même sous pli cacheté, sous réserve de pénalités.

2. Prescrire et légiférer les grands travaux publics, depuis longtemps réclamés, tels que l'amélioration des grands ports, les canaux du Nord, du Rhône, de l'Océan à la Méditerranée, pour préparer la réalisation de Paris-Port

central, qui doterait la Capitale de son fleuron grandiose, retardé par les expéditions aventureuses et par l'entraînement passionné des capitaux au profit des entreprises internationales, dont la sécurité, sinon le rendement et la conservation, sont problèmatiques.

3. Prendre les mesures préparatoires destinées à sauvegarder la liberté de conscience et les droits de la société laïque, par la dénonciation du Concordat, la suppression graduelle du budget des cultes, et la reprise des biens de main-morte indûment retenus par les congrégations non autorisées, suivies de mesures législatives pour interdire la reconstitution de ces biens. Rétablir quelques-unes des grandes fêtes décrétées par la Convention, en l'honneur des saisons et de l'intelligence.

4. Opérer le recouvrement des indemnités attribuées aux familles régnantes, après la guerre de 1870, pour cause de spoliations et de rivalités dynastiques, en leur imposant le remboursement de ces indemnités ou de leur déprédations antérieures, en échange de la conservation de leurs droits civiques et de leur séjour sur le territoire.

5. Rendre le service militaire obligatoire pour tous, par la suppression du volontariat, la réduction de la durée du service à trois ans; préparer l'organisation, d'une armée coloniale, la réforme des intendances et des bureaux, la réorganisation de nos écoles spéciales militaires, et la constitution solide des bataillons scolaires pour arriver à la réduction du service obligatoire, par l'éducation militaire raisonnée et progressive de la jeunesse.

6. Répartir plus équitablement l'impôt, par la réforme cadastrale, l'institution d'un impôt proportionnel sur le revenu, pour arriver à l'unification de la taxe et à la suppression des octrois, en confiant sa perception à un receveur spécial détaché à la mairie de chaque commune.

7. Conserver les colonies; s'établir définitivement sur celles que nous attribuent des droits séculaires, laisser

celles qui sont reconnues onéreuses, et rechercher assi-
dûment, dans l'intérêt de l'extension financière, industrielle et commerciale, les points stratégiques ou topogra-
phiques, salubres et fertiles, en patronant l'émigration et
la colonisation, pour ouvrir, multiplier et consolider les
débouchés, nécessaires dans l'avenir à la défense et au
développement des transactions internationales.

8. Réviser la constitution, en raison de l'extension des
libertés, nommer un vice-président de la République, avec
un secrétariat de contrôle sur les affaires d'intérêt public en
souffrance ; réformer la loi électorale du Sénat de 1884,
selon le principe de proportionnalité de la représentation
nationale.

9. Refondre le code Napoléon, en ce qui touche surtout
la législation des enfants naturels ou moralement aban-
donnés, selon les principes d'Accolas ; réformer le code de
procédure civile ; étendre la compétence du juge à certains
délits correctionnels ; élargir la compétence du juge de
paix, et en faire le principal instrument de la justice rapide
et peu coûteuse, réalisant la diminution des délais et des
frais judiciaires, en instituant un tribunal d'appel dans
chaque département, relevant directement de la cour de
Cassation, proportionnant le nombre de juges au nombre
des affaires, pour en activer l'expédition.

Elaborer les préliminaires d'un droit international, pré-
curseur de la fondation d'un tribunal d'arbitrage permanent,
en simplifiant, élaguant et codifiant les lois communes aux
divisions ethnographiques raisonnées, aux intérêts généraux des peuples, à l'application, à la revendication et à la
sécurité des conventions internationales.

10. Organiser l'enseignement technique et professionnel,
en créant des écoles manuelles d'apprentissage, de
commerce et d'agriculture, en augmentant les bourses pour
l'enseignement secondaire et supérieur, en assurant la
gratuité des hautes études aux enfants pauvres ou délaissés

reconnus aptes après concours, dirigeant les élèves rebelles à l'étude des langues anciennes, dans une voie pratique, ayant pour base l'étude suivie et sérieuse des langues modernes, indispensables à nos progrès coloniaux, et reléguées à un plan trop secondaire, après les leçons de nos désastres et l'empiètement de l'étranger.

11. Développer, en les révisant, les lois sur les institutions de bienfaisance et de secours mutuels, en y restreignant l'hospitalité trop encombrante de l'étranger au détriment des nôtres; multiplier les orphelinats, les crèches les asiles, et les hospices pour les infirmes et les invalides du travail; créer une caisse nationale de retraite obligatoire pour tous les citoyens; réformer l'organisation du Mont-de-piété, de l'assistance publique et des services d'hygiène; arrêter les lois sur les logements insalubres et sur les accidents de fabrique.

12. Reviser la loi de 1867 sur les sociétés par actions et coopératives, au point de vue de la responsabilité des gérants censeurs ou administrateurs, du contrôle des apports et de l'obligation de versement du capital primitif et des appels de fonds à la Banque de France ; reviser la loi sur les patentes, sur la liberté d'association, les tarifs de transports; réformer la législation minière, la loi sur les faillites ; établir solidement les lois sur la propriété industrielle, littéraire et artistique; étendre la juridiction des prud'hommes aux employés de commerce et d'administration, en créant des prud'hommes d'appel.

13. Créer des chambres consultatives du travail et de l'agriculture analogues aux chambres de commerce et siégeant dans les cantons.

14. Favoriser l'établissement de chambres syndicales des employés suivant les grandes classifications de la finance, de l'industrie et du commerce; adopter des· mesures propres à faciliter l'accession des syndicats professionnels aux travaux de l'État et des communes.

15. Suivre sans trève les progrès de la liberté des échanges et des intérêts généraux du commerce, de l'industrie et de l'agriculture, et s'en inspirer dans les traités internationaux, les tarifs des douanes et des chemins de fer.

Mais, en présence d'une tâche aussi lourde, il faut que les partis intéressés à son accomplissement abdiquent toute velléité de revendication et de suprématie jalouse, égoïste, vindicative ou rétrograde, divisant, au profit des vieux régimes, la variété et l'instabilité des ambitions; il faut l'union et la concorde des tendances et des opinions, pour coopérer solidairement, fraternellement et fermement à cette œuvre de régénération sociale, que 1889 pourra voir en partie achevée, pour redonner à la France son activité et sa prépondérance matérielle et morale.

ASNIÈRES. — IMP. LOUIS BOYER ET Cⁱᵉ, 10, RUE DU CHALET.

DU MÊME :

ESQUISSE D'UN PROJET D'HISTOIRE UNIVERSELLE, QUI DEVRA ÊTRE ACCOM-
PAGNÉE DE CARTES ET GRAVURES, 1re édit. 1865 ; 2e édit. 1870.

LA QUESTION SOCIALE, 1884, broch.

ASNIÈRES. — IMP. LOUIS BOYER ET Cie, 10, RUE DU CHALET.